어린 왕자, 후쿠시마 이후

어린 왕자, 후쿠시마 이후

■

변홍철 시집

한티재

차 례

제1부

경로잔치　010
초저녁 별　012
봄비　013
마늘을 캐며　014
바보 이반　016
탑리, 성탄 무렵　017
겨울바다의 안부를 묻다　018
제야　020
겨울잠　021
어린 왕자, 후쿠시마 이후　022

제2부

이상한 봄날의 시쓰기　026
밤기차　028
봄 · 황사(黃沙)　030
봄 · 뜨락　031
봄 · 철쭉　032
봄 · 밤　033
봄 · 편지　034

겨울·시쓰기　035
달과 까마귀　036
공무도하(公無渡河)　037
철쭉제　038
그해 여름　039

제3부

장마　042
북소리　045
망명지에서의 편지 쓰기　046
나무시장에서　048
이력서 위에 쓴 시(詩)　050
가을날의 면회　052
삼각지 연가　054
아들의 바다, 혹은 깊어지는 무덤　055
추상(秋想)　056
지렁이, 기다　057
술꾼의 별　058
컨디션　060
서시(序詩)　061

제4부

끊어진 다리가 있는 마을의 평화 064

봄날, 가난에게 066

고추모종 심은 날 067

손수건 068

술집 보스톤에서 070

그해 봄 던져올린 깡통에 관한 보고(報告) 071

어머니와 호랑이 072

깨끗한 발자국만 남을 거라고 073

눈보라 074

램프와 빵 076

젖은 외투를 어루만지다 078

안개의 눈 080

제5부

이제 우리가 084

소풍 088

바그다드의 신부처럼 091

오래된 사랑 094

파랑새는 있다 098

자네 노래처럼 100
작은 새여, 누이여 103
야윈 산 106
옛노래 108
저 불의 화살을 보라! 110

발문·이하석 114
시인의 말 122

제1부

경로잔치

군수가 돌아가고
아직 해는 중천에 걸렸는데
모였던 노인들 하나둘씩
자리를 뜨기 시작했다

아침부터 뽕짝 메들리 배경 깔아
안내방송해대던 이장은
뒷머리만 긁적이고

술잔을 들었다 놓았다
다른 노인들 눈치만 살피던
꽹매기 잘 치고 소리 구성진 봉산 영감도
결국 자리에서 잠자코 일어나

오랜만에 민물새우 천렵이나 갈까
구부정히 못둑길 앞서가는 서호 영감, 구천 영감 뒤를
멀찍이서 따라간다

몇 남은 늙은 아낙들 경로당 한켠에 모여
노래방 기계 이리저리 누르고 두드려 보아도

끝내
연분홍 치마가 봄바람에, 한 자락
휘날리지 못하는 오늘
뒷산 가득 복사꽃만 환한

초저녁 별

고읍게 갈아놓은 비탈밭

기다리는 봄비는
오늘도 소식이 없는데

어린 고라니의 발자국처럼
사뿐히
눈뜨는

봄비

거미줄, 더덕 여린 넝쿨은 먼지를 씻고

마늘밭, 고라니 발자국은 촉촉히 젖고

처마 밑 제비집, 단칸방 살림살이
아궁이 불빛에 수런대는 저녁

또 어찌어찌 살아 보라고

먼 데 친구가 두고 간 담배는 아직 넉넉하고

마늘을 캐며

할매들 따라나가 논마늘을 캔다

엉덩이 철푸덕 깔고 앉았는데도
어느샌가 성큼성큼 앞서나가는 할매들 뒤에 처져
하나 뽑고 이런 근심, 하나 캐고 저런 궁리
어설픈 농사꾼 상념도 많은데

또 이번엔 그놈들 구슬 같은 얼굴 하나씩
그리운 이름을 불러보기도 한다

그럴 적에
어떤 놈은 너무 힘을 주어 당기다
한숨처럼 툭, 대궁이 끊어져
알맹이는 땅 속에 묻히기도 하는 것을
짐짓 모르는 척 지나치려고 하면

저만치 숲속
초여름 뻐꾸기 소리

마늘 다 캐낸 다음
모내기 하려고 이 논에 물을 대면
묻혀 있던 놈들도 결국은
바알갛게 다 떠오르고 마는 거라고

바보 이반

벙어리 누이는 아침 연속극이 나오지 않는다고
밥상을 물리면서 투덜거렸다

못자리나 할 수 있을지 모르겠다고
중얼거리고 있었다

말라붙은 도랑 가로 애기똥풀꽃
바람에 이따금 흔들리는 마을

전직 대통령의 검찰 출두
특별 생방송 중이었다

탑리, 성탄 무렵

이른 새벽
중앙선 철로변 사글셋방

잠깨지 않은
아내와 아이들 머리맡에 내려앉은
서늘한 별빛을 손바닥으로 쓸어본다

방금 기찻소리에 쏟아진 은빛 서리
감감히 묻어나는 하루치 일용할 시름

비닐 덧대인 창문마다
아직 울리지 않은 종소리가
입김을 불며 서성이고

마늘 심겨진 작은 논배미들마다
잔뿌리 같은 발가락을 오무리며
가만히 이불을 끌어당기는
숨소리를 엿듣는다

겨울바다의 안부를 묻다

갈매기들 몇
야윈 발목 시리도록
백사장을 서성이고 있습디다

인적 끊긴 민박집들
소나무숲 사이로 잔설(殘雪)도 미끄러운데

갈매기들 몇
해 저물도록
포말(泡沫)을 움켜쥐고 있습디다

섣달 그믐 가까운 내 꿈 속에서
겨울바다는 왜 그리 위태로웠을까요

눈 덮인 골짜기 곳곳 핏물이 배어나온다는
하혈(下血)의 땅, 심상찮은 경계에 서서

갈매기들 몇

잿빛 몸 부르르 떨어가며
맨발로 일출(日出)을 맞습디다

아, 그렇게 간신히, 미끄러운
바다의 끝자락을 붙들고 있습디다

제야

눈 내린 다음날
허물 털어낸 별들이
뽀얀 새살 돋아 반짝이고 있다

어느 해인가는 젊은 아버지가
얻어온 마른 명태를 한참이나 두드려
그 살 찢어 나누어 먹이던 자리

퍼어런 도깨비불이 일렁이기도 했던 밤

겨울잠

기말시험을 앞둔 아이는
학교에 가지 않고 깊은 잠을 잔다

얼음장 밑으로 흐르는 애처로운,
그러나 가야 할 길을 더듬어 흐르는
도랑물처럼

오늘 학교를 가지 않고 아이는
비로소 제 혈관 속으로 녹아들고 있다

어린 왕자, 후쿠시마 이후

야윌 대로 야윈 일곱 개 손가락
이 손으로 피아노도 칠 수 있어요,
아이는 쑥스러운 듯 작은 소리로 말했다

다른 쪽은 단풍잎 같은 지느러미
나는 아이가 건너왔을 캄캄한 바다를 상상해 보았다

움직일 때마다 아이의 가슴에는
고향의 저녁놀이 가만히 출렁거렸다
처음에 나는 그것이 멍자국인 줄 알고 놀랐다

뒤척이는 아이를 다독거리다
아이의 상체가 유리상자로 되어 있다는 것을
그제서야 눈치챘다, 다시 보니 거기 담긴 것은
검붉은 낙엽들 같기도 했다

얼마나 용을 썼으면 바다를 건너오는 동안 젖지도 않았을까

그래, 그래, 애썼다
이제 한숨 자 두렴

우리는 흙으로
아이의 투명한 몸을 조용히 덮어주었다

제2부

이상한 봄날의 시쓰기

1.

아직 꽃피지 않은 나무 옆에
누군가 자전거를 세워 두었다
아차,
묶였던 가지를 퉁기며 안장에 뛰어오른 꽃나무
페달을 밟으며 내리막길을
질주하기 시작하였다

2.

복학을 한 첫학기에 우리는
음운론(音韻論)을 신청해 수강하고 있었으나
모두들 내 목소리가 이상해진다고 하였다
하루종일 벤치에 앉아 해부도(解剖圖)를 들여다보며
새로운 모음(母音)을 개발하고 있으면
때늦은 눈발이 날리기도 하였고 자주
목젖이 붓곤 하였다

3.
브레이크를 풀고 내리막길을 달리던 자전거는
내 목젖에 걸려 곤두박질쳤다 나무는
피투성이가 되었다 기관지의 뿌리 끝에서
간질간질간질…… 쭈그러진 헛바퀴를 돌리며
이상한 꽃 하나가 답답하였다

밤기차

기차는 다시 움직이기 시작했다 그는
자리로 돌아오지 않았다 눈 덮인 플랫폼
신호기의 불빛 창백하게 고개 돌리고
기차는 차츰 속도를 높이고 있었다
얼어붙은 빨래처럼 위장(胃腸)은 딱딱하였고 우리들은
마지막 학기 도서관에 앉아 껌을 씹으며
시를 쓰곤 하였다
두드려 보면 어둠은 빈틈없이 견고한데
성애 낀 차창 밖으로 유령 같은 얼굴들
허공에 떠 있었다 그가 남긴
빈 맥주병과 구겨진 신문
승객들의 코고는 소리처럼 무표정하게
뒹굴고 있었다
온기가 식어버린 옆자리로 발을 뻗고
잠을 청하였다 실내등이 자주
불안하였다 얼핏 선잠 속으로
눈보라 한때 회오리 치는 골짜기
누군가의 손목 시계가 결국

예정된 시간을 알리는
경보음을 울렸다

봄 · 황사(黃沙)

길들이 다른 길들과 섞여
길을 잃고 있었다
마지막 학기
풍경은 화창히 피기도 전에
바람이 바람을 덮치며 불어 왔고
자동판매기의 커피에서는
모래 맛이 났다 머언 사막
어지러운 정오(正午) 속에
길 잃은 낙타들 털썩,
쓰러지는 갈증
교정의 꽃이파리 몇
서걱서걱, 지는 하루를
우리는 지켜보고 있었다

봄 · 뜨락

벚꽃 가지를 흔들며
바람이 여러 갈래 섞였다
흩어지곤 하였다

빙빙 저으며
흰 죽을 끓이고 있노라면
할머니는 모르는 이름을 부르며
어둔 방문을 열곤 하셨다

하얗게 빛나며
흩어지던 봄 뜨락

이름 붙일 수 없는 흔들림이
설레게 하였다

봄 · 철쭉

누이의 초경(初經)처럼
철쭉은 피고
봄날 저녁 푸른 달 돋는
싱그러운 꽹과리 소리

누이여,
고운 빛 흐르는 네 어깨 위에
수줍게 남아 있는
입술 자욱
붉은

봄·밤

매일 매일의 싸움에서 목을 잃고 돌아와
나는 쓰러져 잠들곤 하였다
구름 사이로 달이 뜨면
깎아두었던 연필들이 번쩍
창끝처럼 나를 위협하였다
정수리에 일렁이는 달빛이
언뜻 눈물로 비치기도 하였지만
나는 사막의 아들 모래알은 부서져
다시 더 많은 사막을 낳을 것이다

이따금씩 꿈 속으로
지친 물새들이 날아와 비듬처럼 하얀
울음을 날리며 우물을 찾는 것이 보였고

놀라 깨어보면 발가락 사이
돋아나는 무좀 푸릇푸릇한
선인장 가시

봄·편지

소년은 곱추였다, 날이 풀려도
밖에 나가 놀지 않고

바닷가 작은 마을 곱추 소녀와
편지를 주고 받았다

첫 월경을 했다고,
바다에서 봄바람 불어 온다고

꽃잎 지는
두 개의 작은 섬
동동

불을 켜고 소년은
꾹꾹 눌러 답장을 썼다
죽지 마, 죽지 마,

죽지……마,

겨울 · 시쓰기

새는 어디로 갔는가
숲으로 사라진 발자국
나는 그저 여기 서 있을 뿐이므로
미지(未知)로부터 왔다가 미지로 사라졌네
내 일찍이 눈 덮인 숲의 고요를 알지 못하였더니
굳이 발을 들여놓는 것이 아니었다
잠든 나무들의 기침소리를 깨우며
여기에 오는 것이 아니었다
결국 내 발바닥의 원죄(原罪)이다
적막한 그림자를 남기고 조박조박 걸어간 작은 새를
내가 이제야 안타까워 하는 것이 아니었다

새는
어디로 갔는가
무너져 내려 나는 바라보았다
하얀 숲 속 눈부시게 메아리치는
날갯짓 소리

달과 까마귀
이중섭의 그림

에드거 앨런 포
개천에 머리를 박고 죽어가다
마지막 결혼을 1주일 앞둠.
꺼져가는 그의 시신경에 달라붙어
그의 오랜 친구 까마귀 몇 마리
젖은 부리를 문지르고 있다. 현을 고르고 있다.
개천가 카페에서
낡은 레코드판이 자꾸 튀는 소리
공무도하(公無渡河) 공무도하 공무도하……
오랫동안 불꺼진 탁자에 둘러 앉아
길고 검은 머리의 미망인들
남은 술병을 마저 비우고 있다.
백수(白手)들이 남기고 간 마지막
한 모금……
충혈된 머릿속을 환하게 비추는
달빛 속으로

공무도하(公無渡河)

강 건너의 불빛들은 나를 보고
소리쳤다. 돌아가라고

내가 그 강을 건너면
불빛들은 새로운 기슭에서
빛나리니

사라진 별들의
잔상이라고. 나 또한
몇 광년 광활한 우주 속에
죽었던 것

빛의
먼 여행이었노라고

철쭉제

철쭉꽃 붉은 저녁
화사한 무덤 속

내가 그리워하던 죽음은
나를 그리워하던 죽음은

언제나 애인의 얼굴을
하고 있었네

저기 검은 날개를 펴고
산(山)이 내려 앉다

그해 여름

매미는 어디 갔나
보이지 않고

그늘 깊은 눈을 뜨면
내 어린 시절……

여름 나무 혼자
매미 소리로 울고 있었네

제3부

장마
다시 그 방을 생각하며

보이지 않는 것과의 싸움은 얼마나 고단한가

싸우라 싸우라
써 둔 벽마다
스물스물 습기가 올라
곰팡이 피고 있는데

혁명(革命)은 고사하고 나는
방도 하나 바꾸지 못하고 있다
이 빗속에서 어디로 가겠는가, 지금
숨막히는 습기에 점령당하지 않은 도시가
어디에 있겠는가

며칠씩 젖은 머리카락,
젖은 바짓가랑이를 추스리며
살아남은 친구들의 방을 찾아가면
모두들 방바닥의 악취를 퍼올리기에 지쳐
젖은 담배에 힘겹게 불을 붙이고 있었다

눈동자마다 가득한 물기, 그러나
모질게도 달라붙는 갈증— 그런 것이다!
넘치는 바다, 우리들의 공화국에서
뼈마디 삐걱대며 하루치의 신선한
마실 물을 구하는 일은,
위태로운 배를 저어
한 움큼의 양식을 건지는 일은

보이지 않는 것과의 싸움은 얼마나 고달픈가

싸우라 싸우라 싸우라
쓰는 벽마다
잉크가 번져 온통 검은 하늘
어디에도 마른 빵 한 조각
잡히지 않는데

녹슬지 않은 나의

파렴치한 펜촉이여,
빛나는 광기여!

* 김수영 시인의 시 「그 방을 생각하며」에서 몇 개의 시어와 모티프를 빌려와 썼다.

북소리

기마 종족의 한 바람난 처녀
미친 머리카락 날리며 달려가는 대평원
맨발의 욕정을 쫓아가네

나 언제나
허공 속에 흩날리는 음표들처럼
오선지 위에 앉지 못하는 꽃잎들처럼
위태로운 사랑을 꿈꾸어 왔네

벼락치듯 함께 쓰러질
내 청동(靑銅)의 여자여

노여움처럼 북소리치는 사랑이여

망명지에서 편지 쓰기

야자수 그늘 아래에서
멀리 고국을 생각하오

그대의 소식은 끊긴 지 오래
빌어먹을 그 하늘에는 가끔 비라도 뿌리는지
국가보안법에 묶인 그대 손목에
피라도 통하는지

나는 자유요—
나는 자유요—

몸살이 나면, 이마가 뜨거워지면
그늘진 샘터까지 산책을 하오
센티멘털의 낡은 우물
바닥까지 잠수를 하오

나는 지금 망명지에서 편지를 쓰고 있소
그러니 부디 옛날의 그대여

살아 있다는 답장은 하지 마시오
살아 있다는 답장은 하지 마시오

나무시장에서

저녁을 먹지 않고 도망쳐 나온 거리
실업(失業)의 가을이 뒹굴고 있었네
도시의 변두리를 헤매다 철조망을 넘어
나무시장 〈동산 조경사〉로 숨어들면
아직 팔리지 않은 측백과 회양목
단풍과 가문비나무
몸을 팔아 먹고 사는 홍등(紅燈)의 도시 한켠에
해가 져도 불켜지 않은 어둠이
오히려 아늑했네
그러나, 날이 밝으면
호객도 실랑이도 없이 나무들 몇
어딘가로 팔려가리, 팔려가서
법원 앞 정원을 꾸미거나
증권거래소 빌딩들 사이에 유니폼처럼
줄 맞춰 고용되리
아파트 옥상마다 달빛이 순라(巡邏)를 도는
나무시장 〈동산 조경사〉의 밤
이따금 가망 없는 불구의 나무도 있어

담배를 피우며 웅크리고 앉았다가
뿌리를 끊고 쓰러지는 소리를 듣네

이력서 위에 쓴 시(詩)

빈 커피잔을 놓고 시를 쓰곤 하던
커피숍 투데이 창가에 앉아
오늘은 손톱을 깎고 이력서를 쓴다, 창 밖에는
어제보다 하루 더 늙은 노파가
떨어뜨린 동전 몇 닢을 줍고 있다
발자국들은 낙엽 밑에 숨어 땅거미 지고
귀퉁이 떨어져 나간 간판에 불이 켜지도록
마지막 한 줄에서 자꾸 빗나가는 손끝
돌이킬 수 없는 내 이력(履歷)의 파지(破紙)들이
도리질치듯 뒤척인다
낙엽들의 주소는 어디인가
바람에 뒤집히면 말라붙은 손바닥, 구겨진 손금
머지않아 복개될 개천들처럼
나의 본적(本籍)은 흐려지리라
옆자리가 빈 사람들은 자주 창 밖을 내다본다
어둠 속으로 떨어져 나간 손톱처럼
오늘 하루가 흩어지면, 내일은
다시 하루 더 늙은 노파가 동전을 떨어뜨리고

저물도록 허리를 굽힌 채
낙엽을 들출 것이다

가을날의 면회

면회실 옆 철조망 아래에는
들국화 몇 송이 흔들리고 있었다

국화주를 마시는 날이라고
가을도 이제 한 번밖에 남지 않았다고
여자는 조용히 웃었지만

고추잠자리 한 떼
귓속의 파란 하늘을 자꾸 맴도는 소리

감금되지 않은 가을이 있겠는가
철조망 없는 사랑이 있겠는가

샐비어 꽃잎 속에 짧은 입맞춤
모자를 눌러 쓰고
막사로 돌아가는 길에

마른 입술이 탄피처럼
바람을 스쳤다

삼각지 연가

은지(銀芝)에게

삼각지에서 바라보는 이촌동의 불빛에는
언제나 물빛 일렁이는데 신기하게도 우리는
한번도 강가에 나가보지 않았다. 강물의
더딘 흐름을 바라보는 것이 두려웠던 것일까
이제 날 저물면 우리가 돌아가야 할 시간
깨진 꿈의 사금파리들이 길 위에 반짝이고 있어요
바람이 부는 쪽으로 너는 고개를 숙였고 슬프도록
희고 부드러운 맨발이여, 풀잎이여. 담배를 피우며
나는 아무 말 하지 못했고 내가 숨쉬는 것을 느끼는 것은
담배를 피우는 동안 뿐이었다. 비라도 올 것 같은데
돌아가는 너의 머리카락이 자꾸 바람에 감기는데
은지야, 부디 네 가는 길 쪽으로 길게 쓰러진
내 그림자를 밟고 가렴. 가슴 한 켠 저녁별 하나
은빛으로 돋아나는

아들의 바다, 혹은 깊어지는 무덤

아들들은 날마다 바닷가에 나가
낚싯대를 드리웠네 실성한 어머니와
바람난 누이들이 버린 거울 조각은
어린 아들들의 발바닥에 박혀
빛나고 있었네

어느 날 저녁 회오리 일고
죽은 아비들의 수만큼 구멍이 뚫리는 바다
무덤들이 까마득히 열리며 물기둥 솟구쳤네
먹구름 흔들며 아비들의 등 비늘이 퍼덕였네

다음날도 아들들은 바닷가에 나가
낚싯대를 드리웠네 물고기 한 마리
낚이지 않는 날 많았으나

언제부턴가 아이들 가슴 위에도
모진 회오리 하나씩 자라고
스스로 묻힐 무덤은 깊어지고 있었네

추상(秋想)

침묵(沈默)의 자음(子音)과 모음(母音)…… 낙엽
고개를 숙인 채 나의 갈비뼈 사이로
쌓이는 소리
눈을 감고도 들리리

도가도(道可道) 비상도(非尙道) 명가명(名可名) 비상명(非尙名)
읊조리며

열리는 발효(醱酵)의 역사(役事)
슬픔의 오롯한 삼각주(三角洲)
오, 평화로운 무정부(無政府)의 낮잠이여!

먼 훗날
쌓인 낙엽을 굳이 헤집으면
내 묻어 둔 은빛 해골이
반짝!
가을 햇살 비치리

지렁이, 기다

숙여진 고개는 더욱 숙여져

나는 비 오는 마음의 밭
헤매는 지렁이

주름진 뫼비우스의 띠
질긴 배고픔의 끈이여

이러다 나는 해질 무렵
나를 다 삼키겠네 우주의 반대편까지
머언 터널을 뚫겠네

술꾼의 별

나는 어느새 이상한 어른

선인장 꽃 혀 빼물고 모래 바람 부는 하루
일체의 지각 변동은 금지되었고
마음 약한 사람은 별에 매달려
술을 마신다

어느 날
긴 고독의 하루를
야자수 그늘로 걸어왔던 나의 미소년(美小年)
비단 목도리 훌훌 감고
다시 나를 버렸다

버림 받은 추억은 부끄러워라
부끄러운 기억은 다시 부끄러워라

부끄러움이 두려운
마음 약한 사람아

가까스로
가까스로 별에
매달려

컨디션
신(新) 공무도하가

님아, 그 강을 건너지 마오
님아, 그 강을 기어이 건너려오

가려거든 컨디션이나 넉넉히 챙겨 두오

아침이면 피안(彼岸)에서 돌아와
출근할 님아

서시(序詩)

영원히
끝날 것 같지 않네, 겹겹이 싸인
옷섶을 헤치고

나는 파초의 가슴 같은 당신의 속이파리에
입 맞추고 싶네

마음 속
맑은 염주알 굴리듯
당신의 이름을 뇌일 수 있다면

아, 사랑하는 길이
이리도 출렁이는 날은

제4부

끊어진 다리가 있는 마을의 평화

부서진 종탑 아래 말라붙은
어린 나무 그루터기
그림자 하나 앉아
깡통을 굴리며 놀고 있었다

깨어진 간판들이 조금 흔들거렸고
오늘은 공습이 없는 평화로운 날
끊어진 다리 쪽으로 향하는
사람들의 줄이 길다

먼지를 일으키며 이따금 트럭들이 달려가고

부서진 종탑 아래
그저께 다리 잘린 아기가
울지도 않고
혼자 놀던 슬픔과
놀아 주고 있다

태어난 지 석 달 된
사메하 하이불라
엄마는 말라붙은 우물에
자꾸 두레박을 던진다

봄날, 가난에게

연탄재 날리는 개천 가
나무 의자 다섯 개
줄을 맞추지 않고 핀
작은 민들레꽃들

꽃밭에는 꽃드을이 모오여 살고요
우리들은 노오란 버스 타고
유치원에 갔으면

애들아, 애들아
누구든지 행복하렴
어디에나 숨어 있는 착한 하느님이

오늘은
새로 하얀 칠을 한 세발자전거 속에서
찰찰찰 찰찰찰
탬버린 소리를 내며
웃는다

고추모종 심은 날

바람도 오늘 바람
어제 바람 같질 않네

콘크리트 옥상 위 화분 열두어 개
내 손으로 처음 고추모종 심어 놓고

보채다 낮잠 든
돌바기 아들 연둣빛 종아리
간들간들 간지럽히고
애태우는 바람

바람도 오늘 바람
이제사 내 살갗에 와 닿네

손수건
어떤 유전(遺傳)

엄마 젖을 맘껏 못 빤 아들놈이
이제 마악 더듬더듬 걷기 시작한 아들놈이
잠시도 놓지 않는
하얀 손수건

일하러 간 지 엄마 보고 싶어지면
으음마 으음마 울상 지으며 부벼 보는
그렁그렁 얼룩진 낯으로 잠이 들 때도
꼬옥 쥔 채 놓지 않는

그림책을 볼 때도
바퀴 달린 말을 탈 때도
볼때기에 밥알 붙여 가며
국물에 비빈 밥 꾸역꾸역 먹을 때도

마루 끝에서 끝
온 우주(宇宙)를 기어다녀도
무엇 하나 잡히지 않는 날

아들아,
언제 어디서부터 쥐고 온 거니
네 오랜 여행
길동무 같은 배고픔

사무치는 유전(遺傳) 같은

술집 보스톤에서

구석에 앉아 그림자와
이따금 하모니카를 만지작거리는 밤

딱딱하고 반짝이는 마룻바닥에서 걸어나와
누군가 먼저 트럼펫을 분다

내 삶에 개입하지도
나를 버려 두지도 않는
먼 나라의 강물 소리, 삶이 아닌
삶이 아닌 것도 아닌

반쯤 남은 술병 속에서
휘파람을 못 부는
내 입술이 출렁인다

그해 봄 던져올린 깡통에 관한 보고(報告)

그해 봄, 교정에서
햇살 속으로 던져올린 깡통은
아직도 땅에 떨어지지 않음.

오늘도 까마득한 사막
허공에서
독수리처럼 반짝이곤 함.

어느 날, 그 깡통이
밧데리 떨어진 인공위성처럼 곤두박질쳐
내 정수리를 쪼개 버리지 않을까

자꾸 하늘을 올려다보며 나는
떠나지 못함.
주저앉지도 못함.

어머니와 호랑이

얼마나 무서웠을까, 달도 없는 밤길
— 한 고개 넘다 떡 하나 주고
   두 고개 넘다 떡 두나 주고

얼마나 아팠을까, 우리 어머니
— 세 고개 넘다 팔 하나 떼 주고
   네 고개 넘다 다리 하나 떼 주고

언제나 발 닿지 않는 천길 낭떠러지
자지러져 깨어 서러워 울면

아하, 먹장구름 훌쩍 걷고
둥그렁 웃으시는 어머니

못된 호랑이 재우고
저어기 억새풀 고갯길 넘어가는 바람
그렁그렁 업혀 가며 잦아드는 서러움

깨끗한 발자국만 남을 거라고

지하도 어두운 계단
맨발의 아기는
혼자 깍깍거리지

진눈깨비 젖은 갈가마귀처럼
웅크린 엄마는 미친 여자
깃털에 배인 어둠 마르지 않지

하나 둘 켜지는
불빛 같은
눈송이가

깨끗한 발자국만 남을 거라고
깨끗한 발자국만 남을 거라고

맨발의 아기는
저기 혼자 종종거리지

눈보라

얼어 죽은 시인(詩人)의 뼛가루
타다 타다가

제 버릇 개 주랴고
그놈의 역마살

날리다 뒹굴다
지랄처럼 웁니다

연탄재 한 줌
미끄러운 저승길에 뿌려 줄 이 없다고

술국 한 사발 뜨시게
말아 줄 이 없다고

허어이—
허어이—

죽어서도 술주정
서럽게도 웁니다

램프와 빵

미끄러운 길 조심조심 걸어온 사내가
모자를 벗고 눈을 텁니다 발치에
눈 몇 송이 떨어져 녹습니다

— 아가야 아빠가 왔다
　이 좁은 어깨 위
　눈보라 치는 하늘을 보렴

여윈 아내와
아직 걷지 못하는 아가의 볼에
천천히 입을 맞추고

사내는 외투를 벗습니다
참고 있던 통증이 화들짝 깨어나듯
정전기가 소스라칩니다

— 너무 걱정하지 마세요
　머지않아 언 길도 녹을 텐데요

아내는 사내의 속주머니에서
구겨진 이력서를 꺼내 고이 펴고는
늦은 식탁 램프에 불을 켭니다

— 그러나
　고맙습니다
　겨울은 언제나 저희들을
　겸손하게 만들어 주십니다

* 제목과 마지막 세 행은 기형도의 시 「램프와 빵—겨울 版畵·6」에서 따온 것입니다.

젖은 외투를 어루만지다

비가 오네, 중얼거리는데
아내가 반쯤 자불며 하는 말,
엊저녁 비 맞고 들어온 거 기억 안 나요?
흠뻑 젖어 들어와 놓구선

더듬더듬 불을 켜자
문득 빗소리 멀어지고

바닥에 널부러진 외투에
아, 아직 마르지 않은
검은 물기!

입동(立冬) 지나 차가운 빗속을 너는
어디 혼자 헤매다 왔느냐
취한 몸 먼저 보내고
차라리 혼자 비틀대다 쓰러졌느냐

나무들 발등마다 찬 비에 베어

남은 이파리 몇
고개 저으며 떨어지는데

버리고 온 슬픔이 자꾸 안쓰러워
젖은 외투만 어루만지다
울먹이는 외투만 어루만지다

안개의 눈

어느 날 새벽
푸른 안개가 들판으로 나를 불렀네

숨을 내쉴 때마다
허파에 가득찼던 안개는 안개와 섞여
안개를 낳고

저멀리 잘려 떠내려가는
희미한 산(山)의 모가지들
가물가물 스러지는 성(城)의 불빛들

나를 부른 안개의 눈은 어디에 있는가

어느 날 새벽
자욱한 안개가 들판으로 나를 불렀네

종아리를 스치는 풀잎
부드러운 거미줄

벌레들의 발자국마다 맺힌
작은 물방울들

안개는 그 속에 길 하나 묻어 두고
발을 뗄 때마다 조금씩
앞섶을 열어 주었네

숨을 들이쉬면 심장은
푸른 안개로 가득차
나는 단단한 안개의 씨앗이었네

제5부

이제 우리가

그대 슬픔이 단풍 들어
가을이 깊으면
옷깃의 먼지를 털고
강가로 나오라

혼자 돌아와 밥을 먹는 저녁
거덜난 도시의 꿈이
초라하게 저무는 골목을 벗어나와

그대 슬픔이 단풍 들어
가을이 깊으면
손톱에 묻은 한숨을 털고
강가로 나오라

언젠가 우리들을 싣고 와
이 땅에 살게 했던,
꿈을 꾸면 은어떼처럼
물비늘 빛내며 거슬러 올라가던

그대 슬픔이 단풍 들어
가을이 깊으면
나 먼저 가 있을 테니
강가로 나오라

절망의 폐수가 흘러든 강
어머니의 갈라진 발바닥
고무신과 누이가 버린 일기장
깨어진 별들의 사금파리가
검게 엉켜 흘러가는

그러나 우리가 한시도 잊지 못했던
질기디 질긴 그 강가로

사랑하는 사람이여
그대 외로움이 단풍 들어
가을이 깊으면

버릴 것 다 버리고
강가로 나오라

사람이 사람을 사랑하기가
이토록 힘드는 날에
강가에서 그대를 만나면
배를 띄우리라

강둑에 핀 들국화로 배를 엮어
도시에 뜬 녹슨 별들을 정성껏 닦아
가슴 턱턱 막히는 저 검게 변한 강물 위에
하나, 둘, 셋, 넷……

단풍 든 그대와 나의 슬픔이 다 지고
겨울이 오고, 겨울이 가고
그래도 이 강둑에 다시
새싹이 돋고, 민들레 피고,
죽었던 사람들이 웅성웅성

반갑게 인사를 하는
새 하늘이 열릴 때까지

사랑하는 사람이여
그대 슬픔이 단풍 들어
가을이 깊으면
아주 오래 전 우리들의 아버지,
그 아버지의 아버지와 아버지들이 헤어졌던
강가로 다시 나오라

이제는 우리가
다시 사랑을 시작할 때
연등처럼 환한 꽃배를
띄우기 시작할 때

소풍
조카딸 유진이의 첫돌에 부쳐

어린 내가
어린 동생과 함께
아버지 따라나섰던 소풍길

딸기밭 원두막 지나
푸른 하늘 뭉게구름, 뿌리는 어디였을까

여우비 한가득
물오리떼처럼 찰방이던 논길 지나
그때 그 무지개, 밑동은 어디였을까

맑은 웅덩이
송사리떼 까불대며 헤엄치던
따뜻한 모래톱, 찜질하던 여름 한나절
얼핏 스치던 바람의 고향은 얼마나 먼 데였을까

매미는 보이지 않고, 돌아오던 길
매미 울음소리로 노래하던 키 큰 미루나무들

그 길은 어디로 저물었을까

아버지 어릴 적, 할아버지 뒤를 따라나섰던
그 길 그대로
할아버지 어릴 적, 또 그 아버지 뒤를 따라나섰던
그 길 그대로
우리의 소풍길은 그렇게 거슬러 올라갔느니

장마 그치고 한가로운 뜨락
봉선화 꽃 진 자리, 나비 한 마리 날아오르는데

눅눅한 살림살이 주름을 펴듯
하얀 기저귀 화창하게 널어두고
오늘은 모두들 소풍 떠나기 좋은 날

어린 내가
어린 동생과 함께
아버지 뒤를 따라나서듯

오늘은 종종대며 어린 자식들이 따라오고

늙은 어머니 등에 업힌 막내, 옹알대는 손가락 끝
뭉게구름 무지개 뿌리라도 캐올까

아, 우리의 소풍길은 이렇게 이어지나니
또하나의 여름이 반짝이며 흘러가나니

바그다드의 신부처럼

서기 2003년 가을
너의 사랑은

장갑차 캐터필러 자욱
마르지 않은 상처 위에 피는
개망초처럼

무너진 마을
검은 연기 채 가시지 않은 뜰에
보란듯이 다시 펄럭이는
기저귀처럼

누이여,
그렇게 눈부시기를

서기 2003년 가을
너의 사랑은

끊어진 다리, 부서진 종탑 아래
먼지를 일으키며 깡통을 차는
깨꽃 같은 아이들 웃음처럼

아비의 무덤에 돌을 얹고
어금니를 깨물며 학교로 달려가는
아이들의 맨발처럼
돌멩이를 쥔 주먹처럼

아우여,
그렇게 강인하기를

누구에게도
절망할 권리는 없다고, 오직 희망만이
우리의 권리라고

열화우라늄탄 상처 입은 하늘
앙다문 부리로 다시 날아오르는 새처럼

바그다드의 신부처럼

서기 2003년 가을
우리들, 빼앗긴 땅의 사랑은

그렇게 눈부시도록 강인하기를

오래된 사랑

함께 술을 마시고 잔 다음날 아침이면
어김없이 아침밥 끓여멕이고야 붙든 손 놓아주는
뜨신 술국 같은 내 어진 동무가 장가를 간다고
아까시꽃 향내나는 색시 얻어 기어이 장가를 간다고
나는 이 새벽 괜히 설레어
부줏돈은 없고 축시(祝詩)라도 써보리라
일없이 품을 파는데

안 자고 칭칭대다 내게 볼기짝 몇 대 두들겨맞은 어린 아들놈이
저기서 그렁그렁 채 갈앉지 않은 설움을 물고 잠들어 있고
애 하나 못 달래냐고 꽥 소리를 듣고 풀죽었던
만삭의 부스스한 아내가 그 옆에 지친 몸 쓰러뜨려
코를 골고 있는 것을 보며
나는 생각한다

먼저 장가를 가고 아이를 낳고

  날마다 벌이는 이 악다구니 난장 같은 하루하루를 사는 내가
  출근길 도시락 가방이 하릴없이 버거운 내가
  이제 장가드는 동무에게 축시(祝詩)랍시고 쓰는 것은
  참 낯 간지러운 일이구나
  가당찮은 일이구나

열쩍어 뜰에 나가 담배를 피우며
남자와 여자가 살부비고 사는 것과 새끼를 낳는 것
벌어먹고 사는 것과 나이를 먹는 것
그러며 늙어간다는 것을 주제넘게 생각해본다

별도 하나 없고
물어도 물어도 알 수는 없겠고
나는 다만
아까 때렸던 아들놈 작고 여린 볼기짝과
만삭이 된 아내의 코고는 소리가 자꾸 마음에 짠하여
다시 들어와 무릎을 꿇고

순한 짐승마냥 머리를 맞대고 웅크린
저 가볍고 측은한 살붙이들을 내려다본다
그 부드러운 맨발들에
입을 맞추어본다

어쩌면 사는 것은
이렇게 군내나는 김칫독 같은 것
아내의 낡은 겨울내의 같은 것
얻어온 세발자전거가 내는 철없이 즐거운 소음 같은 것
그리하여 빛바랜 도시락보자기
낡은 올 사이로 비치는 햇빛 같은 것

뜨신 술국 같은 내 어진 동무야
아까시꽃 향내나는
고운 색시 얻은 내 동무야

훗날
돌담 넘어 고개를 내밀고

어이 건너와 술이나 한잔 먹세, 자네는 나를 부르고
그렇게 오래도록 마시다 쓰러지면
또 자네는 색시보다 먼저 깨어 술국 뜨시게 밥을 말아 내올 테고

그러면 우리는
오래된 사랑,
낡은 문풍지 성성한 구멍새로 보이는
새벽하늘 같은 사랑을
욕하며 투덜대며 안쓰러워하며
오래오래 흐느끼듯 웃어도 보자

파랑새는 있다

그 친구 꿈이 배추장수라는 거
알지요?

깍쟁이 아줌마랑 댓거리 한판 하고
산동네 함석철문 쭈그린 노인네
서너 포기 배추 사 슬쩍 놓고 도망치는

동네 어귀 과부댁 막술집 있어
단골 삼아 저물녘 한잔씩 걸치고
정분이 나면 어떠랴, 취해 자빠지면
리어카에 싣고 가줄 착한 마누라

그게
내 아우 꿈이라는 거
벌써 알지요?

그러다 저러다 행여 오르막길
숨이 차거든, 제수씨

연분홍 치마가 봄바람에
시치미 뚜욱 떼고 그 친구랑 노래라도 부르시구려

그 노래 듣고서
어둔길 비탈길 가까스로 매달려 사는 우리 형제들
술국이라도 얻어먹을 속셈으로 우루루
배춧단이든 시름이든 들쳐업을 테니

아, 사실은
제수씨가 더 잘 알지요
그 왜, 먼동이 틀 때
여린 배추이파리 푸른 서리를 털면
후두둑 날아오르는
파랑새는 있다는 것

자네 노래처럼

오월이면 모든 꽃 활짝 피겠지

93년 4월 강원도 양양군
강현면 장산리 5중대 병장
나상문이라 적힌 군사우편에
자네는 그렇게 적어놓았지

주위는 온통 모래땅
서걱대는 글씨로 편지를 주고받던 계절
그러나 자네는
오월이면 모든 꽃 활짝 필 거라고

사노라면 언젠가는 좋은 날도 오겠지
흐린 날도 날이 새면

치킨집 맞은편 좁은 골목 자취방
막걸리잔을 앞에 놓고 자네는
그렇게 노래 불렀지

벽마다 검은 곰팡이 피던 장마
젖은 담배에 힘겹게 불을 붙이며
그러나 시퍼렇게 젊다는 게 한밑천이라고
커다란 손으로 잔을 치켜들었네

누구보다 먼저 깨어 창을 열던 자네는
보았던 게지
이력서처럼 구겨진 우리를 다독여
아침밥 해먹이던 자네는
알고 있었던 게지

보아도 알아도 말은 안하고

이래 뵈도 목포극장 리싸이틀 나갔습니다
일등상은 못 받았어도 콧노래 흥얼거리며
볕 좋은 날이면 좁은 마당 가득 빨래를 널곤 하던,
낡은 구두 먼지를 털고

성큼성큼 언덕길 올라가던

그렇지, 자네 말대로
오월이라 오늘은 모든 꽃들 피겠네

비 새는 판잣집 새우잠을 잔대도
고운 님 함께라서 즐거웁지 않느냐고
얼쑤, 자네 노래처럼 모든 꽃들
박자는 무시하고 걸판지게 피겠네

작은 새여, 누이여
고(故) 정유홍 씨를 추모하며

발목 묶인 새는
제 몸의 깃털을 뽑아 수(繡)를 놓는다
여린 제 살을 찔러
그 피로 수를 놓는다

명보 컴퓨터자수
12시간 맞교대
월급은 35만원, 60만원……

두고 온 아들, 열두 살배기 바알간 볼을
꿈속에서나 어루만지며
발목 묶인 새는
아무도 들어주지 않는 울음, 피를 토해
마지막 수를 놓았다

"집에 가고 싶었습니다"
"외국인도 사람이다!"

손바닥만한 하늘조차 숨쉴 수 없었던
떠나고 싶어도 떠날 수 없었던
작은 새여, 누이여

비에 젖은 깃털처럼 우리는 흐느끼고
상처입은 부리로 통곡하나니

서로의 부리로 발목을 풀고
서로의 깃으로 날개를 쓰다듬는
평화의 땅은 어디인가
평등의 하늘은 어디인가

우리의 일부인 누이여, 이제 그곳으로
부디 날아가소서

저 먹구름 위
요령성(遼寧省) 맑은 바람, 슬픔 없는 하늘로
그대 날갯짓 수를 놓으며

누이여, 이제 날아오르소서

* 2004년 4월 27일, 중국 요령성 출신 이주노동자 정유홍 씨는 회사의 임금체불 등 차별에 고통받다, 끝내 대구 안심역에서 달려오는 지하철에 몸을 던져 스스로 목숨을 끊었다.

야윈 산
와룡산 쓰레기 매립장에서 1

갈가마귀 울음소리에
산들 야위어 간다고
늦은 가을, 어느 시인은 노래했지만

여기
철쭉 피는 봄에도
우거진 녹음 푸른 여름에도
시름시름 야위어만 가다, 끝내
침출수 검은 고름 흘리며 누운
산이 있다

15년 세월
그 가슴으로 우리의 무심(無心) 받아온 산
아무 말도 없이, 원망도 없이
우리의 부끄러움 묻어온 산

그 산 기슭, 15년 된
쓰레기 매립장에 가면

너무 커 들리지 않는 어머니 한숨처럼
갈가마귀 울음조차 들리지 않고
검버섯인 듯, 야윈 용의 비늘인 듯
마른 잎 하나 지고

턱밑까지 차오른 통증
몸을 비트는
산이 있다

옛노래
와룡산 쓰레기 매립장에서 2

고라니 어미
맑은 눈에 촉촉한 달빛
친정 찾아가던
젖은 발목
오솔길
지금은 끊긴

그 오솔길 따라
골짝마다 안부 전하던
북서풍(北西風)
펄럭이던 쪽빛 치맛자락
지금은 빛바랜

쿨럭이는 늙은 어머니
주름진 이마에 손을 얹듯
와룡산
쓰레기 매립장에 서서

잦아드는 숨결 사이로
더듬나니, 아득한 옛노래

서재 들녘 가득
호미 씻는 소리 다시 출렁이는
아득한 환청(幻聽)을 듣네

아, 우리들
오래된 미래

저 불의 화살을 보라!
을유년(乙酉年) 와룡산 첫 일출(日出)에 부쳐

보라, 우리는
검은 어둠의 뼈를 밟고
이 산마루에 섰다.

이 산
꽃도 없이, 잎사귀도 없이
말라붙은 겨울산.

보라, 우리는
배신과 비겁이 아우성치는
저 회오리의 숲을 벗어나
이 산마루에 섰다.

이 산
침출수 검은 고름 흘리며 누운 산
15년 세월, 턱밑까지 차오른 통증으로
야윈 산, 몸 비트는 산.

우리는 안다.
슬픔에 지치고 야윈 우리는,
나목(裸木)처럼 하얀 슬픔의 뼈만 추려
여기까지 간신히 올라온 우리는
이 산의 검은 아픔을 알고 있다.
뼈와 뼈의 부딪침으로 알고 있다.

그러나
우리의 슬픔이여
와룡(臥龍)의 아픔이여, 보라!

얼어붙은 산마루
바람도 숨을 멈춘
일출(日出)의 시각.
저 팽팽한 능선의 활시위에 걸려
도사리고 있는 불의 화살을.

검은 사무침이여,

뼈와 뼈의 신음이여,
이제 보라!

저 태초의 햇살,
불의 화살, 생명의 화살이
이윽고 허공을 가르며 날아와
이 산의 정수리에 꽂히리니.
우리의 이마에 박혀 영원히 빛나리니.

황금빛 깃털을 부르르 떨며
닭벼슬처럼 검붉은 을유년(乙酉年)의 봉화를 지피리니.

누구도 거역할 수 없는
저 불의 화살을 보라!
우리들 헛된 탐욕과 무지,
불신과 반목의 어둠을 찢고 쏟아져오는
저 화살들의 세례(洗禮)를 보라!

그리하여 마침내
쓰레기 매립장 검은 상처가 아물고
초록의 비늘, 황금빛 새살 돋아나는
와룡(臥龍)의 숨소리여.

끊기었던 오솔길 이어져
고라니 뛰어놀고
골짜기마다 들고 나는 북서풍
와룡(臥龍)의 힘찬 숨결이여.

숨죽였던 서재 들녘, 웅성이며
호미 씻는 노래 다시 출렁이는
사람의 마을, 대동(大同)의 굿소리여.
초록의 공명이여.

발문

고옵게 갈아놓은 비탈밭에 눈뜨는 별

이하석

 변홍철이 시 원고 뭉치를 덜컥 내게 내밀었을 때는 좀 당황했다. 그는 추천이니, 신인상이니 하는 일반적인 등단 절차를 밟은 바 없을 뿐만 아니라, 평소 시와 다른 일들에 몰두, 더러 그런 일들에 엮여서 만나기도 해왔기에, 시를 쓰는지 짐작할 수 없었으니 그럴 만하다.
 그러나 그의 시를 읽으면서 내가 달리 봐주거나 훈수를 둬야 할 필요가 없음을 느꼈다. 시가 아주 익어 있었기 때문이다. 뜻밖이었다. 그냥 돌려주려 하니 뭐라도 좋으니 한 줄 써달란다. 나는 머뭇거렸지만, 어쩔 수 없이 수락한다. 그가 지금껏 정성스레 모아온 시를 본 죄값이려니 하고 말이다.

그의 시는 복잡하게 언어를 얽어 짜거나 의미를 비틀지 않는다. 쉽게 읽힌다고 할 수 있을 정도지만, 그러나 그 감각이 맑고 천진해서 쉬워 보이지 않는 매력이 있다. 그런 가운데 삶의 그늘에서 별을 바라는 시심을 유달리 가지는 듯하다. 다음의 시를 보면 그 점이 꽤 선명하게 드러난다.

고웁게 갈아놓은 비탈밭

기다리는 봄비는
오늘도 소식이 없는데

어린 고라니의 발자국처럼
사뿐히
눈뜨는

—「초저녁 별」 전문

여백을 중시 여기는 전통적인 수사같이 절제미가 두드러진다. 그런 가운데 비탈밭을 갈아놓고 갈증을 느끼며 비를 기다리는 마음의 그늘이 붙드는 "고웁게"라는 말이 애잔하게 도드라진다. 그 애잔한 마음 위에 "고라니의 발자국처럼" 눈뜨는 게 초저녁의 별이다. 이렇게 반짝이는 별들이 시들 여기저기에 더러 보인다. 이런 맑고도 설움이 어룽진,

그리움이 배인 시심이 어디서 연유하는지 궁금하다. 내가 아는 변홍철은 그렇지 않은 듯 보이는데 말이다.

그는 생태주의 사상의 싹을 틔운 것으로 평가되는 환경·생태 인문교양 잡지인 『녹색평론』의 편집주간을 지냈으며, 녹색당의 정책위원장이기도 하다. 또한 땅과자유의 운영위원, 하이하버연구소 소장, 청소년 인문학 모임 '강냉이' 교사, 『평화뉴스』 칼럼니스트로 활동하면서 물레책방의 운영에 참여하는 등 다양한 면모를 드러내왔다.

그래, 그가 나무 위에서 우리를 내려다보던 광경이 뚜렷이 떠오른다. 2009년 초인가, 앞산터널 공사 반대를 내걸고 시민들과 달비골에서 나무 위 농성을 하면서, 그는 대구시 당국자는 물론 우리 모두에게 환경에 대한 각성을 촉구했다.

또 하나의 기억이 있다. 2008년 6월, 당시 한나라당의 모 의원이 촛불집회 참가자들을 비하하는 발언을 한 데 반발, 그 의원 사무실 앞에서 윤봉길 의사의 도시락 폭탄을 패러디한 이른바 '도시락 프로젝트'를 벌인 일이 그것이다. 이 일로 인해 그는 경찰에 입건이 되기도 했다.

이러한 행동들은 명분이 있고, 용기와 실천력 있는 행동이 아닐 수 없다. 정치적으로 보이기도 하고, 강력한 사회 참여자로서의 발언과 행위를 서슴지 않는 듯 여겨지기도 한다. 현실에 대한 발언이 그의 주요 임무처럼 여겨지기도 한다. 그런 그가, 나긋나긋한 속살을 드러내며 우리에게 다가와 짓는 시의 표정 앞에서 의외라는 느낌이 들지 않을 수 없다.

알고 보니, 그의 시 쓰기는 꽤 오래된 듯하다. 이번 시집의 작품들 가운데서 "우리들은/마지막 학기 도서관에 앉아(…)/시를 쓰곤 하였다"(「밤기차」)는 말이 보인다. 대학 때에도 시에 빠져 있었으리라는 추측을 하게 하는 구절이다. 그러니까 윤동주와 백석이 지난한 삶과 극한적 투쟁의 연속 속에서도 고운 언어를 매만지어 척박한 삶의 표면 위로 꽃처럼 드러냈듯, 그의 맑고도 애틋한 시심도 오래 전부터 그와 다르지 않게 마음속으로 삭혀 왔고, 탁한 세상사에 부대끼는 지금도 그 맑은 시심을 여전히 지켜가고 있음을 이해한다.

시에서 그의 본마음이 지향하는 바는 무엇일까?

영원히
끝날 것 같지 않네, 겹겹이 싸인
옷섶을 헤치고

나는 파초의 가슴 같은 당신의 속이파리에
입 맞추고 싶네.

마음 속
맑은 염주알 굴리듯
당신의 이름을 뇌일 수 있다면

아, 사랑하는 길이
이리도 출렁이는 날은

―「서시」 전문

'서시(序詩)'란 "책의 머리말 대신으로 쓰는 시"라는 사전적인 해석을 붙일 것도 없이, 자신이 가장 먼저 세워놓고 싶은 입장을 드러내는 시라 할 수 있다. 그가 가장 먼저 세워놓고 싶은 입장은 한마디로 '사랑'이다. 아아, 사랑! 그래, 세상의 많은 서시들이 사랑이란 주제를 곧잘 드러낸 것은 당연한 일이지. '사랑'이야말로 세상을 이해하고, 세상을 눈부셔하고, 세상 앞에서 수줍어하는 마음의 발로이기 때문이다. 그는 세상 모두를 사랑하고 껴안고 싶어한다. 자신의 마음속에서 "염주알"을 꺼내는 것은 기도하는 마음으로 "사랑하는 길"을 닦는 지극함을 드러내는 행위이다. 그의 맑고 애잔한 시심들은 그 지극한 마음으로 닦아내는 기도의 말이라 여겨지기도 한다. 때로 가혹한 현실을 고발하는 순간에도 사랑과 기도의 안타까운 마음을 숨기지 않는다.

야윌 대로 야윈 일곱 개 손가락
이 손으로 피아노도 칠 수 있어요,
아이는 쑥스러운 듯 작은 소리로 말했다

다른 쪽은 단풍잎 같은 지느러미
나는 아이가 건너왔을 캄캄한 바다를 상상해 보았다

움직일 때마다 아이의 가슴에는
고향의 저녁놀이 가만히 출렁거렸다
처음에 나는 그것이 멍자국인 줄 알고 놀랐다

뒤척이는 아이를 다독거리다
아이의 상체가 유리상자로 되어 있다는 것을
그제서야 눈치챘다, 다시 보니 거기 담긴 것은
검붉은 낙엽들 같기도 했다

얼마나 용을 썼으면 바다를 건너오는 동안 젖지도 않았을까

그래, 그래, 애썼다
이제 한숨 자 두렴

우리는 흙으로
　　　아이의 투명한 몸을 조용히 덮어주었다
　　　　　　　　　　　　　—「어린 왕자, 후쿠시마 이후」 전문

　일본 후쿠시마 핵발전소의 참변에서 희생된 어린 생명에 대한 연민이 뭉클하게 가슴을 치게 만드는 시다. 이렇듯 환경과 생태에 대한 그의 관심은 별다르다. 사랑하는 이를 부를 때도 "절망의 폐수가 흘러든 강/어머니의 갈라진 발바닥/고무신과 누이가 버린 일기장/깨어진 별들의 사금파리가/검게 엉켜 흘러가는"(「이제 우리가」) 그 강가로 오라고 권한다. 그 강은 우리의 젖줄이면서 "한시도 잊지 못했던/질기디 질긴" 흐름이기 때문이다. 그 강에다 다시 사랑을 시작할 때를 기다리며 "연등처럼 환한 꽃배를 띄"운다.
　삶은 "군내나는 김칫독 같"(「오래된 사랑」)고, "아내의 낡은 겨울내의 같"으며, "얻어온 세발자전거가 내는 철없이 즐거운 소음 같"은 하찮고, 애틋하면서도 천진스러운 면도 있는 것이라고 강조하면서도, "우리"는 "오래된 사랑,/낡은 문풍지 성성한 구멍새로 보이는/새벽하늘 같은 사랑을/욕하며 투덜대며 안쓰러워하며/오래오래 흐느끼듯 웃어도 보"는 것이며, 그러한 태도가 바로 그가 시를 쓰는 태도이기도 함을 시집의 여기저기서 말한다.
　이러한 태도를 두고 그는 스스로 "이력서 위에 쓴 시"라고 이름 붙이기도 한다. 그 말을 제목으로 한 시에서 그는 "돌이킬 수 없는 내 이력의 파지들이/도리질치듯 뒤척인다"고 읊조리며 "낙엽들의 주소"가 어딘지 묻는다. 그러면서 "머지않아 복개될 개천들처럼/나의 본적들은 흐려지리라"는 비극적 전망에 파묻히기도 한다.

그렇다고 해서 그의 시가 이런 절망적인 전망만 보여주는 건 아니다. 늘 현실의 모순을 지적하면서 삶을 추스르는 태도를 더불어 유지하려 애쓴다. "아비의 무덤에 돌을 얹고/어금니를 깨물며 학교로 달려가는/아이들의 맨발처럼/돌멩이를 쥔 주먹처럼"(「바그다드의 신부처럼」) 그렇게 강인하기를 강조한다. "앙다문 부리로 다시 날아오르는 새처럼" 그렇게, "그렇게 눈부시도록 강인하기를" 다짐한다. 그의 시심은 이런 강인한 의지의 껍질을 가지고 안으로 삭힌 서정의 속살이다.

이하석 | 시인

시인의 말

죽을 때,
내 직업은 가난하게 사는 것과
좋은 동무들이 있어 그들과 평생 우정을 나눈 것이었다,
허튼소리라도 한마디 장하게 하고 죽으면
얼마나 좋으랴, 생각한 적 많았다.

그 가난과 우정의 종교에 바치는 예물이려니 하고,
동무들과 이웃들이 이 보잘것없는 시편들을
너그러이 음미하여 주시길 바란다.

시인은 못 돼도,
고향의 말과 외로운 시인들을 흠모하며
상강(霜降) 지난 국화꽃 향기 앞에
머리를 조금 숙인다, 모든 스승들 앞에
감히 차 한 잔 올리고 싶다.

> 2012년 가을날 아침
> 변홍철

변홍철 시집
어린 왕자, 후쿠시마 이후

초판 1쇄 발행 2012년 11월 19일
초판 2쇄 발행 2013년 11월 25일

지은이 변홍철
펴낸이 오은지 **펴낸곳** 도서출판 한티재 **등록** 2010년 4월 12일 제2010-000010호
주소 706-821 대구시 수성구 달구벌대로 492길 15
전화 053-743-8368 **팩스** 053-743-8367
전자우편 hantijaebook@daum.net **블로그** http://hantijaebook.tistory.com

ⓒ 변홍철 2012
ISBN 978-89-97090-11-2 03810
책값은 뒤표지에 있습니다.

이 책 내용의 일부 또는 전부를 이용하려면
반드시 저작권자와 한티재의 서면 동의를 받아야 합니다.
이 도서의 국립중앙도서관 출판시도서목록(CIP)은 서지정보유통지원시스템 홈페이지
(http://seoji.nl.go.kr)와 국가자료공동목록시스템(http://www.nl.go.kr/kolisnet)에서
이용하실 수 있습니다. (CIP제어번호: CIP2012004984)